Lk 3505.

NOUVELLE RELATION

DE

L'APPARITION MIRACULEUSE

DE LA SAINTE VIERGE

A DEUX PETITS BERGERS

Sur une montagne de la Salette

(Canton de Corps, diocèse de Grenoble).

PAR M. L'ABBÉ DUCHAINE

ANCIEN CURÉ DU DIOCÈSE DE PARIS
CHANOINE HONORAIRE

PARIS

DOPTER, ÉDITEUR

RUE DE LA HARPE, 5e.

1847

TYPOGRAPHIE
LACRAMPE FILS ET Cie,
rue Damiette, 2.

L'expérience de chaque jour nous apprend qu'en France, surtout, les miracles se multiplient à mesure qu'on s'efforce d'attaquer notre foi et de pervertir nos mœurs. Du haut du ciel Marie s'intéresse à ses enfants; et lorsqu'elle les voit sur le point de se perdre, elle leur tend une main secourable et compatit à leurs misères. Sa bonté est si grande, qu'elle daigne même apparaître quelquefois à des serviteurs privilégiés, pour leur faire entendre de ces paroles qui doivent retentir dans l'univers et être le principe d'un grand nombre de conversions. Honneur donc à Marie, à qui il est donné d'écraser la tête du serpent! honneur, gloire, hommage à cette auguste Vierge qui implore, à genoux, notre pardon auprès de Dieu, quand elle le voit prêt à nous frapper! Jamais elle ne se lasse de s'intéresser à notre sort : son cœur est grand comme le trésor des miséricordes de Dieu. Ah! que l'on comprend bien l'empressement des fidèles de toutes les classes à recourir à la sainte Vierge dans tous leurs besoins, à l'invoquer avec ferveur, à lui rendre un culte plein de confiance, à se porter avec un saint empressement vers les temples qui lui sont consacrés ! On accourt en foule vers ces sanctuaires vénérés où l'on aperçoit, suspendus, les trophées de ses miracles. Quelle province, quelle ville, quel hameau, ne sent pas le besoin d'offrir ses vœux et l'hommage de son éternelle reconnaissance à la mère de Dieu ! Récemment encore elle vient de signaler sa bonté en apparaissant à deux petits bergers des Alpes, sur une montagne de la Salette, dans le diocèse de Grenoble. Depuis cette apparition, ce miracle est déjà connu dans toute la France; chacun s'empresse à le publier. L'autorité ecclésiastique, toujours prudente dans son examen, a commencé une enquête à ce sujet. Sa sage lenteur ne lui a pas permis jusqu'à ce jour de se prononcer publiquement sur ce miracle; mais nous avons la certitude qu'elle est vivement touchée des renseignements qui lui sont parvenus, et qu'elle admire en ce moment les prodiges de piété, de grâce et de conversion qui ont suivi l'apparition miraculeuse de Notre-Dame à Salette. Nous avons lu avec édification une lettre très-récente du respectable curé archiprêtre du canton de Corps, voisin du lieu où s'est opéré le miracle; la discrétion ne nous permet pas de transcrire ici ce qu'elle renferme, mais nous pouvons assurer qu'elle a fait sur notre esprit la plus vive impression, et n'y a laissé aucun doute sur ce que l'on raconte de l'apparition miraculeuse de la sainte Vierge aux deux petits bergers de la Salette. C'est avec cette conviction que nous avons réuni, dans cette relation, tout ce qui peut intéresser la piété des fidèles.

Jour et circonstances de l'apparition.

C'est le samedi 19 septembre 1846, vers les trois heures de l'après-midi, que Marie a daigné se manifester aux deux petits bergers, Germain Giraud, âgé de onze ans, et Mélanie Mathieu, âgée de quatorze ans, sur une montagne de la Salette, canton de Corps, diocèse de Grenoble. Après avoir conduit leur troupeau dans une combe ou vallée, ces deux bergers s'y étaient endormis près d'un ruisseau qui coule en cet endroit. Après quelques instants de sommeil, la jeune Mélanie s'éveilla, et, ne voyant plus ses vaches dans le lieu où elle les avait conduites, elle appela Germain pour aller à leur recherche. Ils les trouvèrent reposant sur le penchant de la montagne, et revinrent aussitôt vers l'endroit où ils avaient laissé leur sac renfermant leurs petites provisions. En ce moment ils aperçurent tout à coup une belle dame, toute rayonnante de lumière, d'une taille élevée, pâle, le front ceint d'un diadème d'un vif éclat. Sa robe était blanche ; sa tunique, de la même couleur, était rattachée à son cou par une bordure d'étoffe d'or qui descendait jusqu'à sa ceinture. Une croix enrichie de diamants, avec l'image du Christ, et, au bas de chaque branche, un marteau et des tenailles, instruments de la passion, pendaient à son cou et y étaient retenus par une riche chaîne d'or. Sa chaussure de soie blanche était garnie de brillants, des roses étaient semées à ses pieds. Sa beauté était céleste et ravissante.

Avant de parler aux petits bergers, elle était assise sur une grosse pierre qui leur avait servi de table. Elle paraissait affligée, dans l'attitude de quelqu'un qui pleure, le front caché dans ses mains. Ses pieds étaient tournés vers le midi et reposaient dans le lit d'une fontaine qui était dans ce moment à sec. Elle se leva et s'avança vers les bergers, effleurant à peine la pointe de l'herbe, et semblant pour ainsi dire glisser sur le gazon sans le fouler de ses pieds. Elle adressa la parole aux bergers, causant familièrement avec eux, et les engageant à approcher et à ne pas avoir peur, Notre-Dame leur fit différentes questions ; elle dit au petit Germain : « Aimes-tu bien le bon Dieu ? fais-tu exactement tes prières chaque jour ? — Pas guère, dit le berger ; on me fait lever de bonne heure, et j'oublie ma prière. — N'y manquez jamais matin et soir, mes enfants, reprit la Vierge; lorsque le temps vous manque, dites au moins un *Pater* et un *Ave Maria.*

Les bergers, rassurés par la bonté de la Dame, vinrent s'asseoir sur la grosse pierre et se tinrent à ses côtés. Alors elle rappela à Germain l'espèce de désespoir de son père en parlant de la mauvaise récolte. En revenant de Corps, dit-elle, il t'a donné du pain en ajoutant : *Tiens, mon petit, voilà du pain; il sera bien rare l'année prochaine si cela continue, et je ne sais qui en mangera.* » Comme Germain était seul au moment où son père lui tint ce discours, il parut étonné d'entendre la Dame parler de la sorte. Elle leur dit aussi que la récolte des fruits de la terre (pommes de terre) serait encore moindre l'année prochaine. Elle ajouta avec l'accent de la douleur : « *Dites à tout le peuple que j'ai bien de la peine à retenir le bras de mon Fils prêt à frapper les pécheurs. Hélas!* on profane partout le jour du dimanche, on blasphème le nom de mon Fils, et son bras s'appesantit de plus en plus sur la tête des hommes coupables. Le blasphème et la profanation du jour du Seigneur, voilà ce qui excite sa colère!... Si le peuple, faisant un sincère retour sur lui-même, *ne se corrige pas promptement, une affreuse disette sera la punition de ses péchés.* »

A ces paroles, Notre-Dame se leva ; elle s'avança vers la hauteur de la montagne, posant le pied sur une pierre que l'on conserve avec soin. Tout en cheminant avec les bergers elle leur donna plusieurs avis secrets qui les concernaient personnellement, en leur défendant d'en parler à personne. Tandis qu'elle parlait, Germain et Mélanie n'entendirent chacun que ce qui les concernait particulièrement. A leur retour de la montagne, malgré que des personnes respectables les aient interrogés de toute manière, leur secret a été impénétrable. Arrivés sur la colline, Notre-Dame parut s'élever vers le nord et disparut peu à peu, comme une vapeur légère qui se dissipe insensiblement. Les petits bergers étendirent leurs mains vers la Dame pour la retenir ; mais ils ne purent rien toucher au moment où elle se déroba à leurs regards. Comme la nuit approchait, Germain et Mélanie ramenèrent leurs vaches à la Salette. Dans la soirée, les jeunes bergers, ayant encore l'esprit frappé de tout ce qu'ils avaient vu, s'empressèrent de le publier dans le village.

On accourut autour d'eux, le curé vint des premiers pour interroger ces enfants, et leur récit parut si clair, si précis et si vrai, que personne ne douta de l'apparition miraculeuse de la Mère de Dieu. Tous bénissaient la reine du ciel d'avoir bien voulu se manifester ainsi à de pauvres bergers. Ceux qui les connaissent affirment que leur esprit encore peu développé ne leur permettrait pas d'avoir pu inventer ce qu'ils ont raconté. Leur naïveté n'a laissé aucun doute parmi ceux qui les ont entendus.

FAITS

Extraits d'une lettre authentique écrite par les Sœurs de la Providence établies à Corps, et adressée à la Supérieure de l'Institut, à Grenoble.

« Les paysans de Corps et tous les habitants, en reconnaissance de la protection marquée de la sainte Vierge, ont pris la résolution d'aller la remercier à la Salette, et ont fixé leur pèlerinage au 28 décembre, jour où il tombait de la neige, et il faisait bien froid. On est parti à huit heures du matin en procession, avec les deux enfants en tête, portant un cierge à la main. On marchait dans un grand ordre, quoiqu'on n'eût ni curé ni vicaire, en chantant les litanies, des cantiques, le Chemin de la croix, en récitant aussi le rosaire. Il ne faut pas moins de quatre heures pour y arriver, par un chemin bordé de précipices. Oh! qu'il était beau de voir ce peuple prier et implorer la miséricorde de Dieu! On s'est trouvé réuni au nombre de deux mille deux cents sur la montagne. Là les pénitents ont chanté leur office, et chacun priait à genoux sur la neige. On a pris un repas champêtre, tout le monde était heureux. »

Guérisons miraculeuses.

« Une femme malade était infirme, depuis vingt-trois ans, des deux bras, des deux jambes et des reins, ne marchant qu'avec des béquilles et ne pouvant se remuer seule sur son lit, ni sur sa chaise lorsqu'on la levait. Son mari lui dit en partant : « Fais bien ta prière, unis-la aux nôtres, nous prierons pour toi. » Elle fit de son mieux toutes les prières qu'elle savait, et dans le moment à peu près où les pénitents chantaient leur office sur la montagne, elle sentit un picotement dans tous ses membres et s'écria : « Oh! si je pouvais aller à la messe le jour de sainte Catherine, et faire la communion avec toutes les braves filles qui la feront ce jour-là! » En effet, le soir, lorsque la troupe des pénitents descendait chantant comme des bienheureux les louanges de Marie, la femme malade vint se joindre à la procession qui faisait le tour du bourg pour se rendre à l'église, afin de terminer cette belle journée par la prière commune. Elle est venue au-devant de son mari, sans béquilles, avec seulement un petit bâton pour se soutenir. Jugez de la joie de tout le monde. La belle-sœur est venue à huit heures du soir nous annoncer cette nouvelle. Nous avons fait, le lendemain, une visite à la malade. Ainsi qu'elle le désirait, elle a pu faire la communion le jour de sainte Catherine, sans béquilles, sans bâton. Tout le monde était dans la joie et dans la crainte à la vue d'un pareil prodige. Pour mon compte, je vous assure que je tremblais en la voyant passer devant moi pour aller à la sainte table. Ceci se passait le 25 décembre.

Une pauvre femme hydropique, venue de fort loin pour obtenir sa guérison, s'est agenouillée au pied de la croix de bois plantée par les deux enfants, et a prié avec une grande ferveur. On lui a donné un verre d'eau de la fontaine de la Salette, qui n'a cessé de couler depuis l'apparition de la sainte Vierge; elle s'est sentie subitement soulagée, et elle a dit, dans son patois, qu'elle ne savait que donner à la bonne Mère pour la remercier. Aussitôt, détachant de son cou une grosse croix d'or, elle l'a attachée à la croix de bois où elle a recouvré la santé; lorsque la procession est arrivée à l'entrée du bourg de Corps, l'hydropique guérie s'est mise à la tête de la procession, derrière les deux enfants, et l'on a fait le tour du bourg au son des cloches. On s'est rendu à l'église, et on a chanté des cantiques d'actions de grâces.

ENQUÊTE

faite par un Missionnaire de Lyon.

Le 25 décembre, un missionnaire de Lyon, envoyé par Monseigneur l'archevêque de cette ville pour interroger les enfants qui ont vu la sainte Vierge, et s'assurer de tout très-exactement, est venu chez nous pour voir Germain, qui est à l'école depuis quelques jours; on a envoyé chercher la petite fille, qui était en service à la Salette. Ce missionnaire les a interrogés, a tiré leurs portraits, et le lendemain 26, avec les deux enfants, il est monté sur la montagne, accompagné de trois cents personnes, et en est descendu le soir avec toute la troupe chantant des cantiques. La foule remplit l'église, et le missionnaire fit un discours dont tous furent satisfaits. Il est resté le 27 pour interroger la femme guérie; il est parti le soir, bien convaincu de la vérité du fait.

Conversion de la population de Corps.

Il y a, depuis l'apparition miraculeuse de la sainte Vierge, un changement notable dans les habitants de Corps. Ces bonnes gens vont à la messe pendant la semaine, en aussi grand nombre, certains jours, qu'il y en avait autrefois le dimanche, et se tiennent très-pieusement. Il n'est plus besoin de défendre les travaux le dimanche. Le blasphème est banni de toutes les bouches ; on s'y efforce par la prière et les bonnes œuvres d'écarter les malheurs qui ont menacé cette Ninive, et qui lui ont été épargnés. On ne doit pas s'étonner si la renommée d'un tel changement s'est répandue au loin.

Chacun s'empresse d'interroger les bergers.

Depuis que le bruit de l'apparition miraculeuse de la sainte Vierge s'est répandu dans toute la contrée, on accourt de toutes parts, et chacun s'empresse d'interroger les petits bergers. Ils montrent avec beaucoup d'assurance la place où ils étaient au moment de l'apparition, l'endroit où Notre-Dame était assise, le lieu où posaient ses pieds, et la fontaine qui n'a cessé de couler depuis le miracle. Ce qu'il y a de remarquable dans le récit des enfants, c'est qu'interrogés ensemble ou séparément, ils ne varient jamais dans leur narration. Mais il a été impossible de leur faire révéler ce que la Dame leur a dit à chacun en particulier; prières, menaces, promesses, tout a été inutile.

On a ramassé avec soin toutes les pierres qui entouraient le lieu de l'apparition. Deux officiers qui passaient à Corps voulurent voir le petit Germain, qui avait été témoin de l'apparition. L'un d'eux le prit sur ses genoux, et, sans se déconcerter, l'enfant raconta tout ce qu'il avait vu. L'officier voulut ensuite avoir un morceau de la pierre où Marie s'était assise. Germain en apporta un assez gros pour qu'on pût le briser afin d'en donner à tous les assistants. Au moment où la pierre fut brisée, on aperçut avec étonnement et une sorte de stupeur la tête de Jésus souffrant, telle qu'on a coutume de la voir sur les médailles ou les images qui la représentent empreinte sur un voile. Une copie de cette tête a été laissée dans le café de M. Magnan, à Corps : les officiers ont signé pour certifier le fait. Il est facile de s'imaginer que tous ces événements ont eu un grand retentissement dans tous les pays voisins, et bientôt la nouvelle apparition miraculeuse de Marie sera connue dans tout le monde catholique.

Réflexion.

Si le mauvais chrétien, si l'impie, nous demandent encore de nouveaux miracles pour expliquer celui dont nous venons de parler, plaignons leur incrédulité ; prions Marie de dissiper leurs ténèbres et d'amollir leur cœur. S'ils demandent de bonne foi des miracles, disons-leur de s'adresser à Marie, et de demander surtout celui de leur conversion. C'est de tous les miracles celui que la sainte Vierge a fait le plus souvent, celui qui lui plaît davantage, celui qui surpasse autant les autres que l'âme l'emporte sur le corps dont Marie a redressé les membres ou guéri les infirmités. Les hommes dont la foi est stérile, et qui croient sans avoir le courage de pratiquer, se livrent souvent à la critique sur les nouveautés en matière de religion. Ils ont cela de commun avec les hérétiques des premiers siècles et les incrédules des siècles modernes. Dans tous les temps on les a vus rangés sur la même ligne; mais dans tous les temps aussi notre sainte religion a triomphé de leurs vains efforts. Quelquefois même elle n'a employé que la dévotion des plus simples fidèles, sans instruction et sans lettres, pour arriver à ses fins, réduire ses ennemis au silence et les faire passer sous ses étendards. Tant il est vrai que l'impiété avec ses sarcasmes, et la philosophie avec ses froids raisonnements, ne peuvent rien contre les vrais serviteurs de Marie. Les pratiques du culte de Marie ont souvent éprouvé de nombreuses contradictions. On a crié à la nouveauté contre les fêtes que lui décernait l'Église, contre le rosaire, que la Vierge fit connaître elle-même par révélation; on a crié à la nouveauté contre l'*Angelus*, contre les indulgences, contre les pratiques du *Mois de Marie*; mais cette Vierge sainte n'a répondu aux incrédules que par des faits. C'est un langage plein de force. Les fidèles l'ont compris. L'apparition miraculeuse de Notre-Dame aux petits bergers de la Salette triomphera aussi des doutes de ceux qui n'y ont pas encore ajouté une foi entière et complète. Cependant, loin de nous de préjuger en aucune manière ce qu'il y a d'extraordinaire dans ce qu'on raconte du miracle de la Salette; c'est à l'Église qu'appartient le droit de juger.

Prière.

O Marie, refuge des pécheurs, daignez abaisser sur nous un regard de miséricorde qui nous déterminera à sortir du péché. Intercédez pour nous, et Jésus nous pardonnera. Plus nos péchés sont multipliés, plus nous avons besoin de votre secours miséricordieux. Vous êtes la médiatrice des pécheurs auprès de Jésus; demandez pour nous la grâce du salut, et elle nous sera accordée. Quelque désespérée que paraisse notre cause, défendue par vous, elle ne peut être perdue. Nos misères nous font recourir à vous avec confiance; nous savons que votre pitié pour nous augmente et s'accroît en proportion de nos péchés. Nous sommes coupables, mais rien n'égale votre clémence. Hélas! les ténèbres profondes de l'erreur et du mensonge nous environnent de toutes parts : faites luire à nos yeux un de ces rayons lumineux qui éclairent les hommes et triomphent de leur insensibilité. Prenez en main notre conversion, ô vous qui aimez à chercher les pécheurs et à les secourir!...

www.ingramcontent.com/pod-product-compliance
Lightning Source LLC
Chambersburg PA
CBHW060446050426
42451CB00014B/3227